sujet verlag

Zu diesem Buch

Wann zuletzt ist in Deutschland ein Buch mit politischen Gedichten und Cartoons erschienen?

Im Band „Schutzschirmsprache" begegnen sich ein engagierter Lyriker und ein kritischer Cartoonist, ergänzen sich parteiliche Poesie und spitze Feder, treffen nachdenklicher Protest und hintersinniger Humor aufeinander.

Rudolph Bauer betritt mit seiner Sammlung politischer Gedichte ein literarisches Minenfeld: Kann und darf Lyrik heute politisch sein? Und falls sie politisch ist oder wenn sie dies zu sein beansprucht, handelt es sich dann noch um Lyrik von literarischem Rang?

Nur scheinbar leichter hat es die politische Karikatur. Denn zu fragen ist, ob der kritische Cartoon heute noch ein politisches Gewicht hat und Wirkung zeigt angesichts der Bilderfülle in Gesellschaft und Medien.

Mit seinen grafischen Arbeiten gibt Lothar Bührmann darauf eine Antwort. Er greift zum Florett der satirischen Zeichenfeder, „öffnet überraschende Horizonte und verborgene Denk-Räume, er schafft unerwartete Ausblicke – ohne lärmende Fanfarenstöße, ohne schweren Gedanken-Ballast" (Rainer B. Schossig, Deutschlandradio Kultur).

Lothar Bührmann stellt den politischen Gedichten Rudolph Bauers eine zeichnerische Eleganz an die Seite, wie sie dem Politischen gemeinhin nicht zueigen ist – erst recht nicht in der deutschen Tradition ideologischer Grabenkämpfe und erstarrter Erinnerungsrituale.

Solcherart akzentuieren die Cartoons die Stoßrichtung der politischen Gedichte, weil sie deren kritischen, auf Veränderung angelegten Horizont erweitern um die Dimension eines feinen spöttischen Witzes, der zu beißen – und fallweise gezielt zuzubeißen – vermag.

Rudolph Bauer | Lothar Bührmann

Schutzschirmsprache

Politische Lyrik und Cartoons

sujet verlag

CIP - Titelaufnahme der deutschen Bibiliothek
Bauer, Rudolph | Bührmann, Lothar
Schutzschirmsprache. Politische Lyrik und Cartoons
ISBN 978-3-933995-59-9

Copyright der deutschen Ausgabe
© 2010 by Sujet Verlag Bremen
© Cartoons: Lothar Bührmann
© Texte: Rudolph Bauer
Layout: Christin Jeske
Druckvorstufe und Druck: Sujet Verlag
www.sujet-verlag.de
Printed in Germany
1. Auflage 2010

Rudolph Bauer | Lothar Bührmann

Schutzschirmsprache

Politische Lyrik und Cartoons

sujet verlag

Erfolgsmeldung

parasiten

Aktienwesen

schwindel ist es
betrug

unkontrolliert herrscht es

erzeugt parasiten
eine neue aristokratie

aufzuheben droht es
durch implosion
die produktionsweise des kapitals

daher fordert es
staatseinmischung heraus

ein system
des schwindels ist es
und des betrugs

Erfolgsmeldung

bis zum oktober zweitausendacht verkauft
wurde die kritik der politischen ökonomie
das kapital erster band
zweitausendvierhundertfach

der umsatz meldete der verlag
verdreifachte sich seit zweitausendfünf

verdreifachte sich auch die anzahl derer
die nach der lektüre begreifen
wie joseph schumpeter einst
dass die bewegungen des kapitals
gewaltig sind
immerzu maßlos
und welcher art schlüsse sind sie gewillt
daraus zu ziehen

und um welchen preis

notleidender banker

Schutzschirmsprache

die kredite sind notleidend
die banken sind notleidend
finanz- und realwirtschaft
sind notleidend

die regierenden spannen schirme
schutzschirme auf für die
die da notleidend sind
nicht aber für jene in not

armut bekämpfen die herren
und erbittert die armen und ohne erfolg
denn nicht für's system
relevant sind die armen

ungefragt

Eurodemokratie

als die regierenden beschlossen hatten
europa zu einen
durch ein gemeinsames system der währung
wurden die regierten nicht gefragt

nachdem sich erwiesen hatte
dass die einheitswährung
auch auf anderen feldern
wie dem der gesellschaftspolitik
einheit verlangt
oder aber einzelne staaten bankrottieren
wurden die regierten zur verantwortung gezogen

erneut
ohne gefragt zu werden
müssen die nicht gefragt werden
die folgen von entscheidungen tragen
die sie nicht selber treffen

Schweizerrat

der schweizer landsmann beat gygi empfiehlt per NZZ
den deutschen nachbarn
ein mehr an wettbewerb und markt
kurz

> noch mehr amerika

> mehr wettbewerb an kapital- und arbeitsmärkten
> nämlich sei in der lage die ökonomie
> um vieles leistungsfähiger zu machen

> so die erfahrungen in USA

selbigen tages in derselben zeitung im wirtschaftsteil
berichten *headlines*
über verschlechterungen am arbeitsmarkt der USA
sowie von einer katerstimmung in der autobranche dort

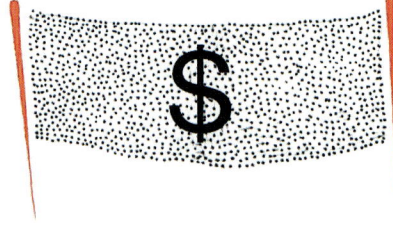

revolutionsparade

Revolutionspathos

freiheit
der aktien- und finanzmärkte

gleichheit
beim äquivalententausch

brüderlichkeit
in der pleite von lehman brothers

Anordnung

erstens schwarze pädagogik
zweitens blut der ermordeten
drittens goldbarren und gräber

Eisbärn

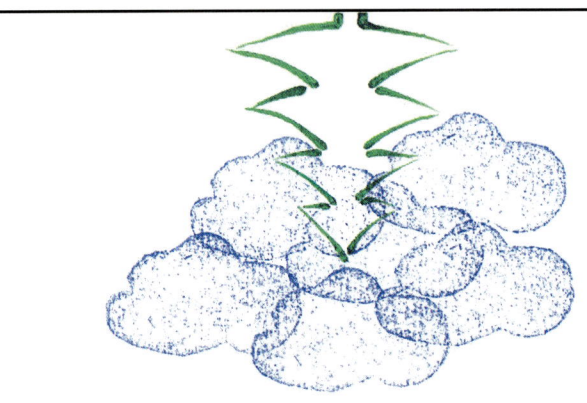

orkan „kyrill"

Kyrill

1990 verwüstungen
durch eine reihe schwerer orkane

1999 fegte „lothar"
über süddeutschland hinweg
mit katastrophalen folgen
dann „kyrill"

wo früher stolze fichten standen
blieben verwüstung zurück
und das chaos

kein entrinnen

Xynthia

ihr waren
dämme und schutzwälle
nicht gewachsen

quartiere wurden überflutet

für die bewohner zahlreicher häuser
kein entrinnen keine rettung

sechs wochen nach der trauer über die toten
beschloss die regierung den abriss
von 1.500 bauten
in der schwarzen
der unbewohnbaren zone

als ob sie schuld trügen
die häuser und ihre bewohner
an xynthia
an überfluteten deichen

kein eisschild

Eisbärn

der arktis eisschild schmilzt
weiter und unaufhörlich
steigt der spiegel des meers

auf grönland wächst sommers
brokkoli warm ist es dort
inzwischen geworden

es verstummen die eisbärn
für immer und dem himmel
im norden fehlt ein gestirn

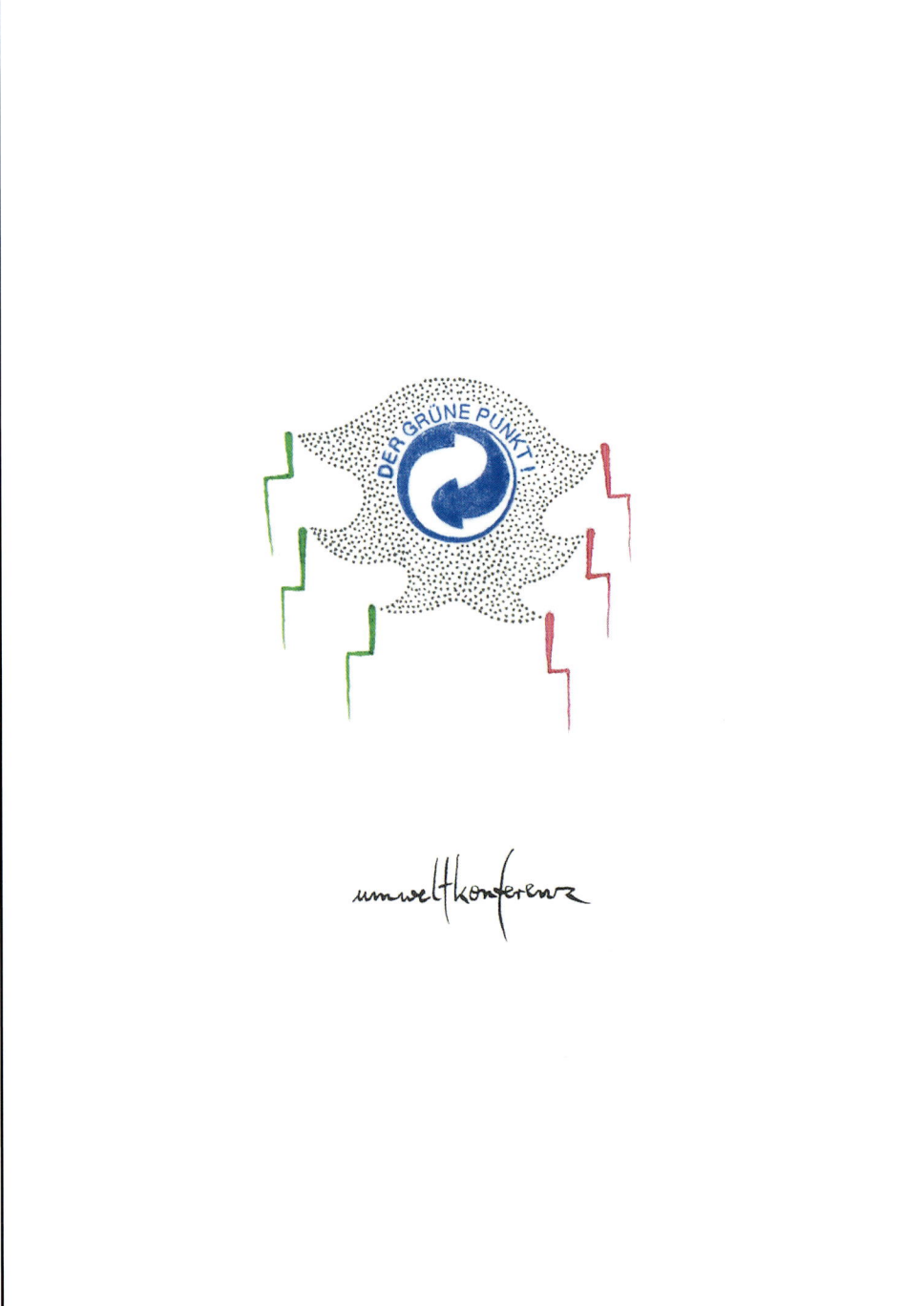

Klimakonferenz

sie schütteln die hände
umarmen sich
unterzeichnen ein communiqué

es heißt
die konferenz sei ein großer erfolg gewesen

auf den gewässern schwimmen fische kieloben
tornados toben sich aus
eisbären stürzen von ihren schollen

und wie immer
die deiche versagen

es heißt
die ersten erfolge zeigten sich schon

New Orleans I

fünf monate nach *katrina*
lebten zehntausende vom sturm vertriebener
in den hotels türmten sich
schutt und müll meterhoch
auf bleibt ein grossteil
der krankenhäuser und schulen geschlossen

gerüchte während der sturm
wütete die behauptung
des chefs der polizei dass kleinkinder vergewaltigt würden
von mord und totschlag die rede des bürgermeisters

weit davon entfernt die bitternis
die realität

New Orleans II

das klima der rechtlosigkeit
in den orkangebieten haben erzeugt
einheiten der armee *cops*
die sicherheitsagenturen des bundes
national guards und private *security companies*
angeheuert
von *homeland security*
der gouverneurin
und den örtlichen kapitalisten

NEW RLEANS

verstummender blues

New Orleans III

in erinnerung wird bleiben
vom untergange der stadt *new orleans*
ein verstummender blues

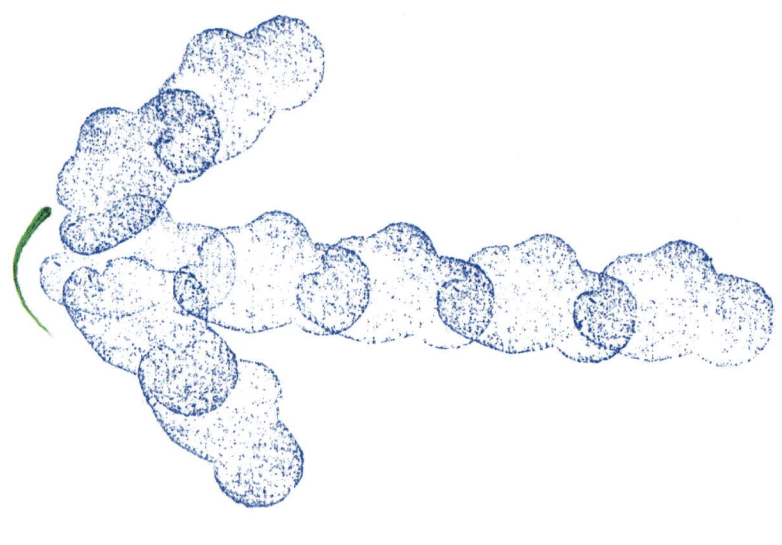

sturmentwicklung

Stürme der Zukunft I

die stürme der zukunft werden im labor getestet
die bäume sind von der märklin-modelleisenbahn
orkane donnern aus dem windkanal
innovationen sind wichtig

mit einer zunahme
um bis zu zehn prozent
werden neue spitzenwindgeschwindigkeiten erwartet

besorgniserregend sind die berechnungen des klimas

Stürme der Zukunft II

die stürme der zukunft
donnern aus dem windkanal
die innovationen sind besorgniserregend
wichtig ist das klima
von der märklin-eisenbahn getestet
sind die bäume im labor

die stürme der zukunft sind modelleisenbahnen
donnernde orkanbäume im windkanal testen das klima
innovativer spitzenwindgeschwindigkeiten um
bis zu zehn prozent in besorgnis erregender zunahme
der märklin-bäume im labor der innovationen

die stürme der zukunft sind besorgniserregende
baum-innovationen in spitzenwindgeschwindigkeit
und die modelleisenbahnen im windkanal-labor
donnerwichtig für das märklin-klima der zukunft

Abgerundet

ressourcenverknappung

Neue Sicherheitsdoktrin

da sie die sicherheit einzelner staaten und regionen
und das gesamte internationale system gefährden
bestimmen in zukunft die ressourcenverknappung
und die erderwärmung das konfliktverhalten

da sie die sicherheit einzelner staaten und regionen
gefährden und das gesamte internationale system
sind die erderwärmung und die ressourcenverknappung
die sicherheitspolitischen herausforderungen der gegenwart

da sie die sicherheit gefährden rechtfertigen erderwärmung
und ressourcenverknappung militärische interventionen
sicherheitspolitisch keine gefahr indes stellt es dar
ressourcen auszubeuten und aufzuheizen das klima der erde

ambivalenz

Kriegsfaktoren

während früher
das vaterland der hass
oder der wahn zur vernichtung von menschen führten
gelten heute neue gründe
für die notwendigkeit militärischer interventionen
für die notwendigkeit des waffeneinsatzes gegen
     das kapern von handelsschiffen
für die notwendigkeit von kriegen zur sicherung
     von rohstoffen erden und öl
für die notwendigkeit von kriegerischen aktionen
     zur inbesitznahme von wasser
     und fruchtbarem land
für die notwendigkeit von militärschlägen gegen
     schurkenstaaten und islamistischen terror
für die notwendigkeit von kriegen weil es
     ohne unterlass regnet

oder die sonne scheint

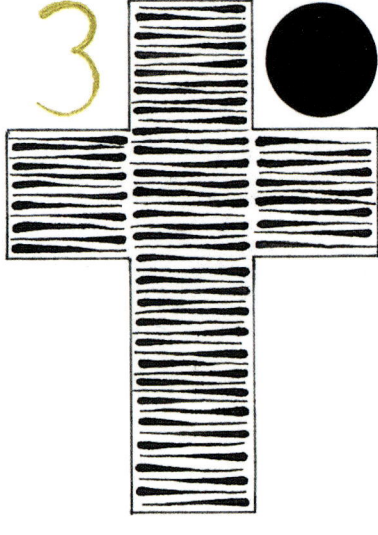

3

abgerundet

Abgerundet

zwischen 1945 und 1995
wurden fast zweihundert kriege gezählt
rund 30 millionen tote
in fünfzig jahren

ergibt pro jahr

abgerundet vier kriege
sechzigtausend tote
plus krüppel verletzte
und körper mit zu kiesel gehärtetem herz

K**O**LLAT**e**RALSCHÄD**e**N

Totenparade

von 1995 bis 2010 kamen
bei militäreinsätzen 1,23 millionen menschen ums leben

nicht mitgezählt sind
all diejenigen die hungers starben oder an einer krankheit
nicht mitgezählt sind
die verwundeten misshandelten und vergewaltigten
nicht mitgezählt sind
all diejenigen deren häuser zerstört und deren existenzen
       vernichtet wurden
nicht mitgezählt sind
all diejenigen die flüchten mussten

nicht mitgezählt sind die witwen und waisen
nicht mitgezählt sind die traumatisierten und insassen
       der psychiatrie
nicht mitgezählt sind die verrohten und erstarrten
       und versteinerten

auch die gleichgültig und stumpf gewordenen
haben wir nicht auf der rechnung

Schießbefehl

macht schluss
von frieden zu reden
wo ihr den krieg meint

macht schluss

ihr produzenten
ihr exporteure von waffen
macht schluss

macht schluss
mit euch selber

frontentheorie

Stahlgewitter

der norwegische wissenschaftler
vilhelm bjerknes und sein sohn jakob entwickelten
während des ersten weltkriegs
die meteorologische frontentheorie

wie die armeen in den schützengräben
die sich gegenseitig in schach halten
sich nach dem leben trachten
wüten die gewaltigen gewitterfronten
gigantischer zyklonaler tiefdruckgebiete
die sich bilden durch das stürmische aufeinanderprallen
polarer und tropischer luftmassen
die einen unerbittlichen kampf
sich liefern auf leben und tod

die meteorologische frontentheorie
des norwegischen wissenschaftlers
vilhelm bjerknes und seines sohns jakob
entstand während des ersten weltkriegs

wie gewaltige frontgewitter
gigantischer zyklonaler tiefdruckgebiete
die sich bilden durch das stürmische aufeinanderprallen
polarer und tropischer luftmassen
wüteten die armeen in den schützengräben

hielten sich gegenseitig in schach
lieferten sich unerbittliche kämpfe
auf leben und tod

der norwegische wissenschaftler
vilhelm bjerknes und sein sohn jakob
beschrieben das wetter als krieg

umgekehrt nimmt es nicht wunder
wenn kriege als naturereignis
und unabwendbar gelten seither

Staatsimmunität

krigskredite

1914
2010

Kriegskredite 1914

wenn die vaterlandlosen gesellen das deutsche
vaterland verteidigen zu sollen erklären
am hindukusch oder an anderen stellen
der welt zu land in der luft auf den meeren

wenn sie den stahlhelm übers kleinhirn
stülpen und gepanzerte schutzwesten
tragen todesdrohungen auf die stirn
gemalt mit martialisch wütenden gesten

freiheit beschwören und westliche werte
dass alle gleich seien auf dieser erde
wenn sie eure söhne zu opfern verlangen

dann erinnert euch einmal doch wieder daran
dass sie schon früher verrat hatten begangen
an uns und an dir   kleine frau   kleiner mann

staatsimmunität

Staatsimmunität

privatpersonen
können staaten nicht haftbar machen
für menschenrechtsverletzungen

keinen anspruch
haben angehörige von opfern staatlicher massaker
auf entschädigung

man spricht von
staatsimmunität

rauchverbot

Sicherheit

minister und generäle versichern sicherheit
zu garantieren

indem sie für sicherheit mit sicherheit
alle und alles unterwerfen
den geboten von ordnung gehorsam
leistung globalisierung und ruhe

garantieren sie sicherheit
wie sie versichern

von der online-kontrolle
        bis zur präimplantationsdiagnostik
vom rauchverbot
        bis zur vorratsdatenspeicherung

Afghanistan 2009

deutschland befinde sich nicht im krieg
es handle sich vielmehr um einen stabilisierungseinsatz

ein stabilisierungseinsatz sei kein krieg
denn ein krieg ist kein stabilisierungseinsatz
ein krieg ist ein krieg
ein stabilisierungseinsatz aber ein stabilisierungseinsatz

für den krieg werden waffen benötigt kampftruppen
panzer helikopter generäle soldaten logistik

für die stabilisierung kommen zum einsatz panzer
helikopter kampftruppen generäle soldaten logistik

einmal befinden sie sich im krieg
und tot sind die toten
das andere mal im stabilisierungseinsatz
und tot sind die toten

welch ein unterschied

zapfenstreich für horst köhler

Afghanistan 2010

während die mehrheit der bevölkerung
im mai zweitausendzehn den rückzug
der truppen verlangt

verspricht der präsident bei der visite
von feldlagern der soldaten im einsatz
alles werde ich tun was ich kann

damit bei uns zu hause gewürdigt wird
was sie leisten schwierig zwar und gefährlich
ist ihr einsatz aber richtig und legitim

bald danach gibt er sein amt auf
wird verabschiedet mit zapfentrara und tschinellen
hat an rückzug alles getan was er konnte

Schwarz Rot Gold

schwarzer balken
lastet gewitterwolkendunkelschwer
über dem rot brennender herzen

über dem licht wie pfirsichgold

Goldstone

Kohlhökerstraße 6

das haus in dem ich wohne

damals
war es ein judenhaus

seine bewohner mussten gelbe sterne tragen

sie hatten ihre synagoge hier im haus
nach dem pogrom
und eine schul

nichts unterscheidet dieses haus von anderen
im garten finden sommerparties statt
im hausflur sind die räder abgestellt

im winter
stöhnt der alte heizungskörper
röchelt
wie stranguliert
wie wenn der atem stockt
als ob das herz versagt

im treppenhaus hörst du befehle brüllen

verängstigt hält sich eine greisin am geländer fest

hinabgetreten wird sie
weggeschafft

die schüler auch

nur eins der kinder überlebte lebt

von seiner großmutter ward ihm verboten
an einem klassenausflug
wie es geheissen
teilzunehmen

an einem ausflug

richtung minsk

Sängers Frage I

du kreuzfahrende christenheit
was du andern getan

ihr eroberer lateinamerikas
was ihr andern getan

du kontinent der freiheit
was du andern getan

du tausendjähriges wahn-reich
was du andern getan

das hast du mir getan

warum
also
noch singen

selbstmordattentäter

Sängers Frage II

du eretz israel
was du andern tust
ist gegen uns gerichtet

ihr wächter aufseher und töter
scharfschützen und mordgurtträger
was ihr anderen antut
richtet sich gegen uns

warum also
sollen wir
immer
noch singen

israel ende 2008

Jungisraeli

auch in leh ergreifen sie besitz
stanzen hebräische buchstaben
in die schwarze tastatur des internetklaviers

auch in leh hängen sie ihre fahnen
mit den ineinander gesteckten dreiecken
in die schaufenster der geschäfte und restaurants

auch in leh stellt sich die frage
ob sie aus stolz
nicht selbst
anheimgefallen zu sein der vernichtung
berechtigt sich wähnen anderen
aufzubrennen das biblische kainsmal

oder ob sie es selber
herumtragen auf ihrer stirn

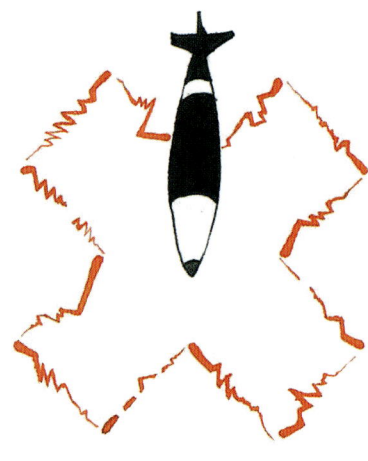

volltreffer

Goldstone

phosphorbomben wurden abgeworfen
fielen auf dicht besiedelte wohngebiete
auf wohnhäuser
auf lagerhäuser
auf spitäler

    phosphor brennt
    bleibt haften am menschlichen gewebe
    große stücke und ganze muskeln
    müssen chirurgen den opfern herausschneiden

    phosphor brennt
    dringt in menschliches gewebe ein
    verursacht verbrennungen und tiefliegende
        organschäden
    die nicht mehr behandelbar sind

streubomben mit pfeilmunition wurden eingesetzt

    durch streuung
    verursachen die pfeilgeschosse aus metall
    vier zentimeter lang
    großflächige wirkung großflächig
    sind auch die verletzungen
    beim aufschlag auf das menschliche
        gewebe der zivilisten

DIME-waffen wurden zum einsatz gebracht

      die kleinen splitter der DIME-geschosshülsen
      dringen ein in das menschliche gewebe
      wo sie auch mit röntgenstrahlen
          nicht identifizierbar sind

      ihre gehäuse aus kohlefasern
      gefüllt mit einem gemisch von sprengstoff
      und einem pulverisierten schwermetall
      zum beispiel wolfram verursachen verletzungen
      die tödlich sind oder eine amputation erfordern

weil es an zeit gemangelt hat
      erklärt der bericht der goldstone-kommission der UNO
sei man der frage nicht nachgegangen
ob auch waffen
angereichert durch uran zum einsatz gelangt sind

Preisgeld

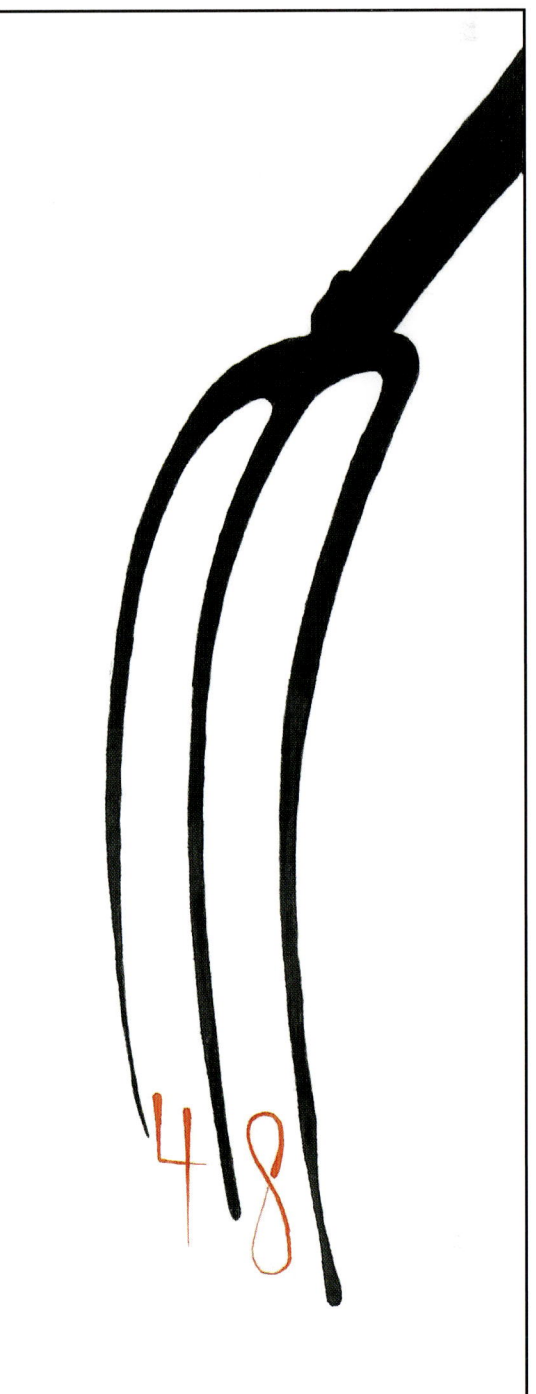

die aufständischen

Engels heute

in rinnthal an der queich
versteckt unter der dörflichen linde
ein denkmal aus rotsandstein

es erinnert an eine schlacht
zwischen freischärlern und preussen

unter den männern des badisch-pfälzischen
aufstands gegen die preussen-regierung
kämpfte achtundzwanzigjährig
friedrich engels bereit
für republik zu sterben!

sein bericht

    als wir durch rinnthal marschierten
    hörten wir die ersten schüsse fallen
    wir eilten durchs dorf und sahen auf der chaussee
    viel sensenmänner wenig flinten
    einige schon vor ins gefecht
    auf den höhen rückten die preussen vor
    in gelockerter linie tiraillierend
    alles schrie durcheinander sobald eine preussische kugel
    hinpfiff über die sensenmänner

die aufständischen rebellen
der reichsverfasssungskampagne
von achtzehnhundertachtundvierzig
wurden von den überlegenen preussischen truppen
im kampf vernichtend geschlagen

friedrich engels floh in die schweiz

und wir heute
unwissend
dessen nicht eingedenk
wandern
von burgwald zu burgwald
singen
trunken im rebenmeer

Preisgeld I

herr n. der chemiker und industriebaron erstellte nitroglyzerin
das stossempfindlich war doch explosiv
       gefährlich beim transport

er baute deshalb fern von schweden seiner heimat
       auch im ausland
fabriken und entwickelte den neuen sprengstoff dynamit
daher das dynamitwerk krümmel entstand in geesthacht
       nahe hamburg

um es vor stoßeinwirkungen zu schützen mischte n.
       das nitroglyzerin
mit kieselgur er ließ es amtlich patentieren
       und scheffelte profit

als *Dynamit AG* erstellt' die firma munition
       und rüstungsgüter und
steigt zum größten produzenten auf im deutschen kaiserreich

herr n. verbündete zwecks preiskartell mit andren
       unternehmen sich
zur *Pulvergruppe I* und mit dem parallelkartell in großbritannien
gründete er das *Generalkartell* dessen fabriken vor dem ersten
weltkrieg im rüstungswettlaufwahnsinn gewaltige
       profite horten

HERR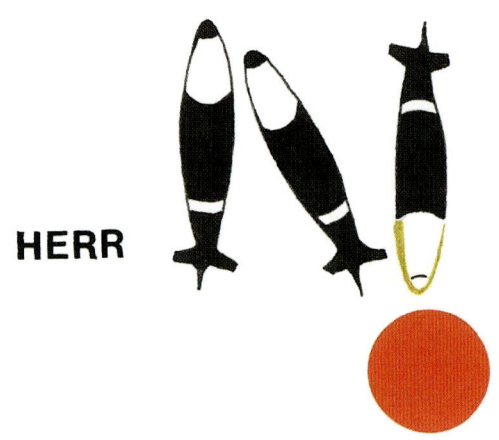

und weil er ohne erben blieb
errichtete mit dem ergaunerten vermögen
der n. die stiftung die nach ihm benannt
aus zinsen und erlösen
das preisgeld finanziert das blutbefleckt ist leichengelb
das unannehmbar
modrig und das anzunehmen unerträglich

dafür
es abgelehnt zu haben
sei jean-paul sartre lob

Preisgeld II

am ende stiftete der bourgeoise heuchler n.
in seinem testament den friedenspreis
den der erhalten soll von dem zu sagen sei
dass er

> *am meisten oder besten*
> *auf die verbrüderung*
> *der völker hingewirkt*
> *und auf die abschaffung*
> *oder die verminderung stehender heere*
> *sowie darauf*
> *friedenskongresse zu fördern*
> *oder abzuhalten*

Auf Reinhard Mohn

wer bist du reinhard mohn der du
ein medienimperium
errichtet hast das herrscht

auf vielfältigste weise prägt's
das öffentliche meinungsbild
blockiert jede kritik

es wiederholen deine print-
und elektronikmedien
das immer gleiche lied

dass schlank der staat sei und was bleibt
regiert nach unternehmerart
gelenkt wie ein konzern

und unaufhörlich predigst du
das neoliberale lob
der partnerschaft des staats

verschwägert mit dem kapital
gemäß des goldnen masterplans
maxime effizienz

und soziales engagement
zivilgesellschaftliches tun
als politikersatz

unaufhörlich

wer wählte dich herr reinhard mohn
wer gab dir legitimation
wem zollst du rechenschaft

wer bist du denn herr reinhard mohn
kein gott bist du kein gottessohn
du herrscht nicht dauerhaft

"hurricane sarah" palin

Sarah Palin

die kandidatin für das amt des vizepräsidenten
der USA genannt hurricane sarah
katholisch getaufte gouverneurin alaskas
erzfeind der schwulen und der lesben

wiedergetauft im sturm göttlicher andacht
in zungen redende pfingstfrau
mit knarre und bibel wiedergeborene christbraut
mischung aus gottesdienst und gewalt

beschwört mit schlittenhund kindern und mann
den mythos von einer gemeinschaft der gläubigen
hart arbeitender grenzsiedler und zum opfer

bereiter frontsoldaten ohne erbarmen tobt sie
gegen geschlechtsverkehr vor der ehe und gegen
das recht zur abtreibung gnade euch gott

portrait
alfred hrdlicka

Turteltäubchen

hrdlicka bedeutet turteltäubchen

seinem renner an der wiener ringstraße
stand der opportunist
ins gesicht geschrieben

sein relief der seligen restituta kafka
ordensfrau und widerstandskämpferin
erregte die proteste
nicht allein kirchlicher kreise

um sein mahnmal gegen krieg und faschismus
tobte jahrelang streit

er schimpfte sich *uraltstalinist*
von illegaler arbeit geprägt
war er *lieber prolet als avantgardist*

ein glas stolichnaya in der hand
prostete er dem gevatter zu
als der ansetzte
den letzten meissel

hrdlicka bedeutet turteltäubchen

Heideröslein

es wurzelt unten in der erde
im tintenschwarz

es blüht und wächst
sein rot erfreut die nachtigallen

und durch die wolken golden
strahlen von oben licht und kraft und glück

Merk's Mensch

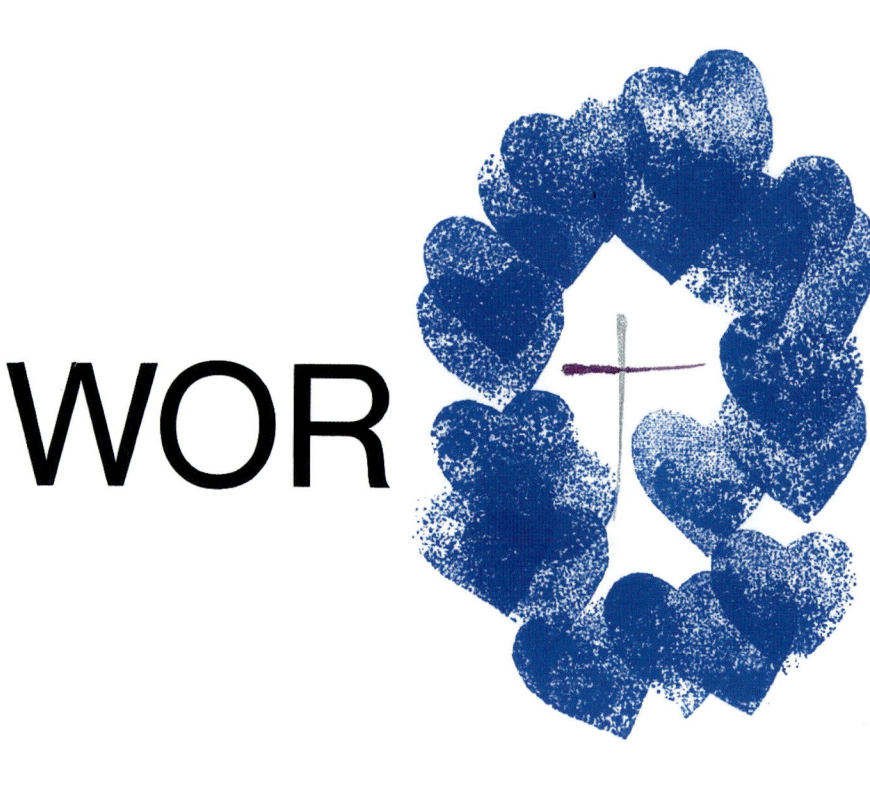

WOR

verschüttet

Menschenrechte

und das wort
ist leich' geworden

und wohnt unter uns
unter trümmern verschüttet

zertreten von militärstiefeln
verscharrt unter panzerketten

verhüllung

Kein Tucholsky

warum rät ignaz wrobel
der jungen frau nicht
dass sie ihr schönsein
nicht zu verbergen braucht
doch darf
wie gottes bräute
die nonnen auch
unter der burka

weshalb verkündet peter panter nicht
dass keine huris warten
in einem jenseits
das nicht existiert

kein tiger theobald rückt uns den kopf zurecht
setzt uns die narrenkappe auf
hält uns den spiegel vor

nun
sie hatten damals ihren kaiser noske und den hindenburg
wir angela merkel aus der uckermark
sie hatten gott der eisen wachsen ließ und vaterland
wir standort mohn und den islam
sie bauten panzerkreuzer auf den kieler werften
wir liefern kriegsgerät in die gesamte welt

sie hatten krieg
wir leisten einsätze
die man nicht kriege nennt

sie hatten ulk die weltbühne den linken vorwärts
wir die privaten fernsehsender
das entertainment am PC

un' uff dem IPad soll'n wa
volle dröhnung lesen
dass es nie besser je
jewesen

Gegengesang

Ich stehe entschlossen auf der Seite der Verlierer.
Mahmoud Darwisch

wenn wir
das wort ergreifen
zur feder greifen
zu worten wie friede gerechtigkeit freiheit
und diese wörter schleudern
gegen demütigung und misshandlung

wenn wir
unsere stimmen erheben
gegen die herrschenden
unsere stimme geben
den unterdrückten
eine stimme die anklagt
wahrheiten sagt
wahrheiten die niemand
sonst zu benennen wagt

wenn wir
unsere sprache
leihen denen die schwach sind
und unterdrückt

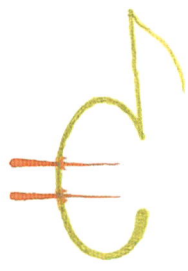

gegengesang

unsere sprache geben
denen der tod sie
für immer genommen

wenn die ermordeten
zu worte kommen
in einer sprache
mit unserer stimme
in unserer sprache vereint

dann
wenn zu buche schlagen
unsre stimmen
unsre sprachen
unser gesang
dann wehe euch

abzocker

Merk's Mensch

ihr tut schaben und graben
ihr tut schmausen und hausen
ihr tut murren und zurren
ihr tut treiben und reiben
ihr tut tingeln und ringeln
ihr tut eifern und geifern
ihr tut schreien und speien
ihr tut schnausen und lausen

tut schrecken und lecken
lächeln und fächeln
schaffen und raffen
lärmen und härmen
zähmen und grämen
tut trennen und rennen
tut euch schämen und lähmen
tut bleiben und schreiben
es richten und dichten
ihr tut reden und befehden

nur ums geld
und wegen dem geld
und weil ihr nichts anderes
könnt und kennt
als alles für's geld

Wunsch

auf sattem schwarzem erdengrund
aufruhe rot
das schwesterliche frühe morgenrot

darüber gold wie sonnenstrahl
der freiheit
und der gleichheit frischer glanz

Anmerkungen

Seite 9 | *Aktienwesen*
Der Text adaptiert eine Passage aus „Das Kapital" von Karl Marx (1818-1883), Dritter Band, Buch III, 1894 postum herausgegeben von Friedrich Engels. Fundstelle: Marx Engels Werke, Band 25, Berlin 1964, Seite 454.

Seite 11 | *Erfolgsmeldung*
Die Angaben zu den Verkaufszahlen von „Das Kapital" stützen sich auf einen Bericht im Feuilleton der Neuen Zürcher Zeitung vom 25./26. Oktober 2008.
Joseph Alois Schumpeter (1883–1950), österreichischer Volkswirtschaftler und Soziologe, Autor von „Capitalism, Socialism and Democracy"

Seite 17 | *Schweizerrat*
Siehe Neue Zürcher Zeitung (NZZ), Internationale Ausgabe, vom 3./4. 10. 2009.

Seite 23 | *Kyrill*
Kyrill ist der Name eines Orkans, der am 18./19. Januar 2007 das öffentliche Leben in weiten Teilen Europas beeinträchtigt und Windgeschwindigkeiten von bis zu 225 Stundenkilometern erreicht hat. Er forderte 47 Todesopfer und führte zu erheblichen Sachschäden.

Seite 25 | *Xynthia*
Der Orkan Xynthia zog vom 26. bis 28. Februar 2010 über die Kanarischen Inseln, die Iberische Halbinsel, Frankreich und Teile Mitteleuropas hinweg. Durch den Sturm kamen über 60 Menschen zu Tode, die meisten davon in den westlichen Départements Frankreichs.

Seite 48 *(Cartoon)* | *Frontentheorie*
WK: Abkürzung für „Weltkrieg"

Seite 58 | *Cartoon zu Afghanistan 2009*
WDH: Abkürzung für „Wiederholung"

Seite 61 | *Afghanistan 2010*
Der Präsident Horst Köhler (geb. 1943) war vom 1. Juli 2004 bis zu seinem Rücktritt am 31. Mai 2010 der neunte Bundespräsident der Bundesrepublik Deutschland, zuvor von 2000 bis 2004 geschäftsführender Direktor des Internationalen Währungsfonds (IWF). Sein Rücktritt erfolgte wegen der öffentlichen, zum Teil heuchlerischen Kritik an seiner, am 22. Mai 2010 in einem Interview mit dem Deutschlandradio geäußerten

Feststellung zum Einsatz der Bundeswehr im Ausland, dass *„im Notfall auch militärischer Einsatz notwendig ist, um unsere Interessen zu wahren, zum Beispiel freie Handelswege, zum Beispiel ganze regionale Instabilitäten zu verhindern, die mit Sicherheit dann auch auf unsere Chancen zurückschlagen negativ durch Handel, Arbeitsplätze und Einkommen".*

Seite 65 | *Kohlhökerstr. 6*

Wo im Gedicht davon die Rede ist, dass „nur eins der kinder überlebte lebt", handelt es sich um Otto Polak (geb. 1933 in Bremen). Durch die Beherztheit seiner Großmutter und später, im Februar 1945, durch die Mithilfe eines mitfühlenden Dorfpolizisten und eines mutigen Arztes wurde er zwei Mal vor der Deportation gerettet. Siehe Ilse Zelle (Hrsg.): Otto Polak. Leben und Schicksal eines Christen jüdischer Herkunft. Mit einem Geleitwort von Henning Scherf. Bremen 2010.

Weiterführende Literatur zu den Deportationen aus Bremen: Günther Rodenburg (Bearb.): „Judendeportationen" von Bremerinnen und Bremern während der Zeit der nationalsozialistischen Gewaltherrschaft. Mit Beiträgen von Manfred Ernst u. a. Bremen 2006 (Kleine Schriften des Staatsarchivs Bremen, Heft 36). Max Markreich: Geschichte der Juden in Bremen und Umgebung. Ediert von Helge Baruch Barach-Burwitz. Bremen 2003 (Schriftenreihe Erinnern für die Zukunft, Band 1). Hanno Balz: Die „Arisierung" von jüdischem Haus- und Grundbesitz in Bremen. Bremen 2004 (Schriftenreihe Erinnern für die Zukunft, Band 2).

Seite 70 *(Cartoon)* | *Israel Ende 2008*

Zeitpunkt des beginnenden Gazakrieges, der vom 27. Dezember 2008 bis 18. Januar 2009 dauerte (siehe auch die Anmerkung zum Gedicht Goldstone).

Seite 71 | *Jungisraeli*

Der Ort Leh - mit 3.500 m über dem Meeresspiegel eine der höchstgelegenen, ständig bewohnten Städte der Erde - liegt im indischen Bundesstaat Jammu und Kashmir. Leh ist Verwaltungssitz des gleichnamigen Distrikts und Hauptort der Himalaya-Region Ladakh.

Als Kainsmal wird im Alten Testament der Bibel das dem Kain auferlegte Zeichen für den an seinem Bruder Abel begangenen Mord bezeichnet.

Bei den Jungisraeli, die sich in Leh aufhalten, handelt es sich vorwiegend um Soldatinnen und Soldaten der israelischen Armee, die dort ihren Urlaub verbringen.

Seite 73 | *Goldstone*

Der südafrikanische Richter Richard Goldstone hat einen nach ihm benannten Bericht vorgelegt, der die Ergebnisse einer Untersuchung über den Gazakrieg in der Zeit vom 27. Dezember 2008 bis 18. Januar 2009 enthält. Die Untersuchung erfolgte im Auftrag des Menschenrechtsrates der UNO und wurde am 15. September 2009 veröffentlicht.

DIME (Dense Inert Metal Explosive, dt. Sprengstoff mit dichtem, inaktivem [inertem] Metall) ist eine Granate, deren Projektile aus einem Kohlefaser-Mantel bestehen sowie dem darin eingeschlossenen Gemisch aus Sprengstoff mit einem Pulver aus schwerem Metall (z. B. Wolfram). Nach der US-amerikanischen Website von Defense-Tech ist „das Ergebnis ein unglaublich zerstörender Schlag in einem kleinen Areal".

Die zerstörerische Kraft von DIME verursache weit größeren Schaden als reine Explosivstoffe.

Seite 77 | *Engels heute*
Friedrich Engels (1820-1895) entwickelte gemeinsam mit Karl Marx die als Marxismus bezeichnete Gesellschafts- und Wirtschaftstheorie. Sein Bericht über den badisch-pfälzischen Aufstand erschien unter dem Titel „Die deutsche Reichsverfassungskampagne" 1850 in der Neuen Rheinischen Zeitung. Die im Gedicht zitierte Stelle befindet sich in: Marx Engels Werke, Band 7, Berlin 1964, Seite 169.

Seite 79-82 | *Preisgeld I, II und „herr n."* (Cartoon)
Der nach seinem Sifter Alfred Nobel (1833-1896), „herr n.", benannte Preis wird jährlich für die Bereiche Physik, Chemie, Physiologie oder Medizin, Literatur sowie für Friedensbemühungen vergeben. Der französische Schriftsteller und Philosoph Jean-Paul Sartre (1905-1980) lehnte es 1964 mit einer politischen Begründung ab, den im zugesprochenen Nobelpreis für Literatur entgegenzunehmen.

Seite 83 | *Auf Reinhard Mohn*
Reinhard Mohn (1921-2009) war Oberhaupt des Familienunternehmens Bertelsmann, das er 1947 übernommen und zu einem der größten Medien- und Dienstleistungskonzerne der Welt ausgebaut hat. Zur Bertelsmann AG gehören u. a. Arvato, die Verlagsgruppe Random House, Rundfunk- und TV-Anstalten (RTL u. a.), Zeitungen und Zeitschriften (Gruner + Jahr). Die von Mohn gegründete und aus den Gewinnen der AG steuerbegünstigt finanzierte Bertelsmann-Stiftung beherrscht ein Think-Tank-Imperium globalen Ausmaßes zur Verbreitung der Ideologie des Neoliberalismus. (Siehe Thomas Schuler, Bertelsmannrepublik Deutschland, Eine Stiftung macht Politik. Frankfurt, New York 2010. Ferner www.bertelsmann-kritik.de oder www.anti-bertelsmann.de.)
Versmaß und Duktus des Textes sind dem Gedicht „Der Bauer | An seinen Durchlauchtigen Tyrannen" von Gottfried August Bürger (1747-1794) entlehnt. Bürgers Gedicht aus dem Jahre 1776 beginnt bzw. endet mit den Strophen: „Wer bist du, Fürst, dass ohne Scheu / Zerrollen mich dein Wagenrad, / Zerschlagen darf dein Ross?" „Ha! Du wärst Obrigkeit von Gott? / Gott spendet Segen aus; du raubst! / Du nicht von Gott, Tyrann!"

Seite 85 | *Sarah Palin*
Sarah Palin (geb. 1964) war von Dezember 2006 bis Juli 2009 Gouverneurin des US-Bundesstaates Alaska. Bei der Präsidentschaftswahl 2008 war sie an der Seite von John McCain republikanische Kandidatin für die Vizepräsidentschaft.

Seite 89 | *Turteltäubchen*
Alfred Hrdlicka (1928–2009), österreichischer Bildhauer

Seite 95 | *Kein Tucholsky*
Ignaz Wrobel, Kurt, Peter Panter und Theobald Tiger sind einige der Namen, unter denen der Dichter Kurt Tucholsky (1880-1935) veröffentlicht hat.

Ulk, Vorwärts und Die Weltbühne sind Publikationsorgane, in denen Tucholsky seinerzeit veröffentlicht hat.

Nach islamischem Glauben sind Huris Jungfrauen, die im paradiesischen Jenseits die Seligen belohnen. Gemäß der Schilderung im Koran sind sie von blendender Schönheit („wie Rubine und Perlen").

Gustav Noske (1868-1946), erster für das Militär zuständiger SPD-Minister in Deutschland, bekannt durch seine zentrale Rolle bei der blutigen Niederschlagung der Novemberrevolution 1918 und bei den sozialen und politischen Auseinandersetzungen in der Zeit bis 1920.

Paul von Hindenburg (1847-1934), während des Ersten Weltkriegs Generalfeldmarschall und Chef der Obersten Heeresleitung. Als zweiter Reichspräsident der Weimarer Republik ernannte er 1933 Adolf Hitler zum Reichskanzler.

Seite 97 | *Gegengesang*
Mahmud Darwisch (1941-2008), palästinensischer Autor

Seite 101 | *Merk's Mensch*
Merk's Mensch spielt an auf den Wiener Prediger und Schriftsteller Abraham a Sancta Clara (1644-1709), der als Poet der Barockzeit durch ungewöhnliche Sprachkraft und Sprachfantasie bekannt geworden ist.

Zur Cover-Gestaltung und zu den Texten auf den Seiten 20, 62, 90 und 102
Die am 7. Juni 1950 erlassene und von Theodor Heuss (damaliger Bundespräsident der Bundesrepublik Deutschland), Konrad Adenauer (Bundeskanzler) und Gustav Heinemann (Bundesminister des Innern) unterzeichnete „Anordnung über die deutschen Flaggen" (BGBl. S. 205) besagt: „Die Bundesflagge besteht aus drei gleich breiten Querstreifen, oben schwarz, in der Mitte rot, unten goldfarben."
Auf die per Regulativ vorgeschriebene Reihenfolge Schwarz-Rot-Gold beziehen sich die Gedichte „Anordnung" (Seite 20) und „Schwarz Rot Gold" (Seite 62). Hingegen verfährt die Cover-Gestaltung umgekehrt. Sie stellt die grafische Aufteilung der Farben gleichsam vom Kopf auf die Füße, was in den Gedichten „Heideröslein" (Seite 90) und „Wunsch" (Seite 102) eine dichterische Entsprechung findet.

Autor und Cartoonist

Rudolph Bauer (* 1939 in Amberg/Oberpfalz) lebt in Bremen, wo er bis 2002 als Professor der Sozialarbeitswissenschaft tätig war. Aus seiner Forschungsarbeit sind zahlreiche Aufsatz- und Buchveröffentlichungen hervorgegangen, zuletzt die wissenschaftliche Studie „Personenbezogene Soziale Dienstleistungen" (Westdeutscher Verlag 2001). Bauer ist aber auch Lyrikautor. Er veröffentlichte in Literaturzeitschriften (u. a. in der Streit-Zeit-Schrift, den Horen, Allmende, Litfass, Stint) und hat fünf Gedichtbände herausgebracht: „Widerton" (1986), „Ittinger Vignetten" (1988), „Ätze terra" (1989), „tanger und anderorts" (2006), „Lotusfrau Mondlicht" (2010). Zudem arbeitet er als Bildender Künstler und zeigt seine Werke auf Ausstellungen und in Galerien. Zu seinen Gedichten notierte Alfons Limbrunner: „Hier schreibt ganz bestimmt kein Weltverklärer, aber ein potentieller, sympathischer Weltverbesserer – einer, der jetzt weniger mit den Werkzeugen der Wissenschaft, sondern mit denen der Kunst agiert."

Lothar Bührmann (* 1946 in Bremen) ist freischaffender Künstler und lebt in der Nähe von Bremen. Seine Arbeiten wurden und werden auf zahlreichen Einzel- und Gruppenausstellungen im In- und Ausland gezeigt, u. a. in England, Italien, Japan, Russland, Spanien, den Niederlanden und den USA. 2003/2004 war er Stipendiat der Deutschen Akademie „Casa Baldi" in Olevano Romana/Italien. 1997 erhielt er den Friedens- und Kulturpreis der Villa Ichon. Hier und bei Sonderausstellungen des Hafenmuseums Speicher XI in Bremen ist er als Künstlerischer Leiter aktiv. Seine literarischen Cartoons sind in Zeitungen und Zeitschriften sowie in Buchform erschienen: u. a. die Bände „Gekacheltes Innenleben" sowie „Texte und Zeichen" (beide 1996). „Parteiliche Poesie und spitze Feder, fragender Text und antwortendes Bild, Wort und Symbol sind sich sehr nahe in den hintersinnigen, nachdenklichen Arbeiten des Karikaturisten Bührmann.". (Rainer B. Schossig Deutschlandradio Kultur)

Inhalt

7 Erfolgsmeldung

   9   Aktienwesen
   11   Erfolgsmeldung
   13   Schutzschirmsprache
   15   Eurodemokratie
   17   Schweizerrat
   19   Revolutionspathos
   20   Anordnung

21 Eisbärn

   23   Kyrill
   25   Xynthia
   27   Eisbärn
   29   Klimakonferenz
   30   New Orleans I
   31   New Orleans II
   33   New Orleans III
   35   Stürme der Zukunft I
   36   Stürme der Zukunft II

37 Abgerundet

   39   Neue Sicherheitsdoktrin
   41   Kriegsfaktoren
   43   Abgerundet

45   Totenparade
47   Schießbefehl
49   Stahlgewitter

51   Staatsimmunität

53   Kriegskredite 1914
55   Staatsimmunität
57   Sicherheit
59   Afghanistan 2009
61   Afghanistan 2010
62   Schwarz Rot Gold

63   Goldstone

65   Kohlhökerstraße 6
67   Sängers Frage I
69   Sängers Frage II
71   Jungisraeli
73   Goldstone

75   Preisgeld

77   Engels heute
79   Preisgeld I
82   Preisgeld II

83   Auf Reinhard Mohn

87   Sarah Palin

89   Turteltäubchen

90   Heideröslein

91   Merk's Mensch

93   Menschenrechte

95   Kein Tucholsky

97   Gegengesang

101   Merk's Mensch

102   Wunsch

103   Anmerkungen

107   Autor und Cartoonist